AF185979

Das Leben in Hügelhausen ist ruhig und beschaulich, bis der alte Ignaz seine Bäckerei an die junge Sunny verkauft. Sunny entdeckt im Nachbardorf die Talheimer Kringel und ist begeistert. Neben den beliebten Hügelhauser Krapfen muss sie unbedingt auch die leckeren Talheimer Kringel anbieten. Was Sunny nicht weiß: Die beiden Dörfer sind seit vielen Jahren verfeindet und die Hügelhausener meiden alles, was aus Talheim kommt ... Am Tag der großen Feier für Alina, Schwimmweltmeisterin und Tochter von Ignaz, ist Hügelhausen voller Menschen. Als die Leute die Kringel entdecken, kippt die Stimmung – Sunnys Schaufenster wird eingeschlagen und die Bäckerei verwüstet. Einzig drei Kinder bleiben bei Sunny, um sie zu trösten, und lassen sich überreden, die Kringel zu kosten. Kurz darauf verschwinden die Kinder und nur Sunny hat eine Idee, wo diese stecken könnten.

ALFRED BODENHEIMER, geboren 1965 in Basel, muss das literarische Schreiben wegen seiner Arbeit als Professor auf wenige Wochen im Jahr beschränken. In dieser Zeit aber lässt er die ganze Energie in sein Schreiben fließen. Oft unterwegs zwischen der Schweiz und Israel, wo seine Familie lebt, sieht er sich als Pendler zwischen zwei Welten, was seinen Blick für beide Länder und Gesellschaften schärfe.

NOA CHAWA BODENHEIMER, geboren in Jerusalem und aufgewachsen in Zürich, studierte Kunst in Seoul und Jerusalem. Krapfen und Kringel entstand zusammen mit ihrem Vater, Alfred Bodenheimer. Sie lebt mit ihrem Mann und ihren Kindern in Jerusalem.

Alfred Bodenheimer

Krapfen und Kringel

Mit Illustrationen von
Noa Chawa Bodenheimer

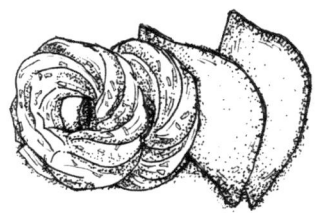

Atlantis

Alle Rechte vorbehalten
Copyright © by Atlantis Verlag
in der Kampa Verlag AG, Zürich
www.atlantisverlag.ch
Covergestaltung und Satz: Lara Flues
Covermotiv: © Noa Chawa Bodenheimer
Gesetzt aus der Stempel Garamond LT
Druck und Bindung: Friedrich Pustet, Regensburg
ISBN 978 3 7152 3004 7

Nicht einmal die ältesten Leute in den beiden Dörfern Talheim und Hügelhausen konnten sich daran erinnern, dass sie je freiwillig ein Wort mit einem Menschen aus dem anderen Dorf gesprochen hatten. Keine Mutter aus Hügelhausen hätte ihrem Kind erlaubt, mit einem Gleichaltrigen aus Talheim zu spielen, und wenn der Friseur von Talheim sein Geschäft einmal ferienhalber schloss, fuhren die Talheimer lieber in die ferne Stadt, um sich die Haare schneiden zu lassen, als dass sie den Friseur von Hügelhausen aufgesucht hätten.

Dabei lagen die beiden Dörfer wirklich nicht weit auseinander. Genau fünf Minuten brauchte die etwas altersschwache

Bahn, die aus der Stadt kam und sechsmal am Tag in Talheim hielt, bis zur Endstation in Hügelhausen, und fünf Minuten wieder zurück. Doch fast nie stieg in Talheim jemand ein, um nach Hügelhausen zu fahren, und ebenso stieg kaum jemand, der von Hügelhausen herkam, in Talheim aus. Die Talheimer, die in der Stadt gewesen waren, warfen, wenn sie bei sich zu Hause ausstiegen, verächtliche Blicke auf alle, die noch sitzen blieben, um nach Hügelhausen zu fahren. Und die Hügelhausener blickten starr aus dem Fenster, wenn sie, von Hügelhausen kommend, beim Zwischenhalt in Talheim warten mussten, bis die Talheimer eingestiegen waren und Platz genommen hatten.

Man muss es leider sagen: Die beiden Dörfer waren einander spinnefeind.

Der Grund für diesen uralten Streit war ein Tintenklecks. Er befand sich auf der

Karte, die im staatlichen Archiv lag und in der die offizielle Grenze zwischen Talheim und Hügelhausen eingezeichnet war. Irgendeinem Beamten war vor einigen Hundert Jahren wohl ein Malheur mit seiner Feder oder dem Tintenfass passiert, als er diesen Strich einzeichnen sollte, und er hatte entweder keine Ersatzkarte zur Hand gehabt oder war zu faul gewesen, wegen diesem Klecks alles nochmals neu einzuzeichnen.

Dieser Klecks hatte lange auch gar niemanden gestört – wahrscheinlich hatte gar niemand überhaupt gewusst, dass es diesen Klecks gab. Die Karte lag mit hundert anderen Papieren in einer Schachtel im Archiv, die nie jemand öffnete. Die Hügelhausener und die Talheimer, die sich damals noch bestens verstanden, wussten genau, wo ihre Dorfgrenze verlief und brauchten dafür keine Karte. Es gab nur eine Stelle zwischen den beiden Dörfern, wo die Grenze nicht ganz klar war, aber genau an dieser Stelle spielte es für die beiden Dörfer keine Rolle. Es war nämlich das Waldstück oberhalb von Talheim und unterhalb von Hügelhausen, durch das heute auch die Bahn fuhr. Die Leute in beiden Dörfern waren sich einig, dass das Waldstück beiden gehörte. Sie ließen es durch einen Förster pflegen und kümmerten sich nicht weiter darum.

Doch dann kam ein besonders kalter Winter. Während die Hügelhausener auf ihrem Dorfgebiet eigene Waldstücke besaßen, aus denen sie sich Holz zum Heizen beschaffen konnten, wurden bei den Talheimern irgendwann die Vorräte knapp. Deshalb schickte der Bürgermeister einen kleinen Trupp von starken jungen Männern mit Äxten, Sägen und einem Pferdewagen los und befahl ihnen, in dem Wald

zwischen den beiden Dörfern Holz zu fällen. Es dauerte nicht lange, bis die Hügelhausener den Lärm aus dem Wald hörten,
und als sie dorthin kamen, um nachzu-
schauen, was los war und sahen, dass die
Talheimer Bäume umhauten, wurden sie
sehr wütend.

»Dieser Wald gehört euch nicht«, riefen
sie. »Ihr könnt hier nicht einfach nach Be-
lieben Bäume fällen.«

»Dieser Wald gehört uns auch«, antworteten die Talheimer empört. »Und unsere Leute frieren in ihren Stuben.«

Genau genommen stimmte das nicht, in Talheim gab es noch Holz für mindestens zwei Wochen. Dennoch wollten die Talheimer vorsorgen und fühlten sich ungerecht behandelt.

Das Resultat war eine schreckliche Rauferei, bei der zum Glück nur mit Händen und Füßen und nicht mit Äxten gekämpft wurde. Dennoch kamen sowohl die Talheimer wie die Hügelhausener furchtbar zugerichtet aus dem Wald wieder in ihre Dörfer zurück.

Daraufhin beschlossen die beiden Bürgermeister, dass sie die Sache gemeinsam regeln müssten. Der Bürgermeister von Hügelhausen lud seinen Kollegen aus Talheim zu sich nach Hause ein, um die Sache bei einem Glas Wein zu besprechen, und schon tags darauf trafen sie sich. Obwohl sich die beiden Männer gut kannten und eigentlich auch ziemlich mochten, war es kein einfaches Treffen.

»Dieser Wald gehört beiden Dörfern«, sagte der Bürgermeister von Talheim. »Deshalb haben wir das Recht, dort Bäume zu fällen.«

»Ja, dieser Wald gehört beiden Dörfern«, sagte der Bürgermeister von Hügelhausen. »Deshalb dürft ihr ohne Erlaubnis von unserer Seite darin gar nichts machen.«

Die beiden Männer warfen einander eisige Blicke zu. Die Frau des Bürgermeisters von Hügelhausen saß in einer Ecke und strickte, aber in Wirklichkeit bewachte sie die beiden, damit sie keine Dummheiten machten. Als sie bemerkte, dass sie sich nur noch stumm und unbeweglich gegenübersaßen und keiner bereit war, auch nur einen kleinen Schritt auf den anderen zuzugehen, trat sie an den Tisch.

»Wenn es mit dem gemeinsamen Wald nicht geht, dann müsst ihr halt nachprüfen, ob im Wald nicht doch eine Grenze zwischen den Dörfern verläuft«, meinte sie. »Ich nehme an, es gibt irgendwo eine amtliche Karte, auf der das eingezeichnet ist. Schaut euch die mal an.«

Die beiden Männer sahen sie misstrauisch an, aber dann nickten sie. Etwas Besseres war ihnen auch nicht eingefallen, und so fuhren sie wenige Tage darauf in die Stadt, um ins Archiv zu gehen, wo die Karte aufbewahrt wurde.

Als sie aber schließlich vor dieser Karte saßen und auf den Tintenklecks blickten, der das Waldstück bedeckte, waren sie erst ratlos. Sie gingen um den Tisch herum, betrachteten die Karte von allen Seiten, gingen ganz nahe heran und dann wieder einige Schritte zurück und versuchten zu entdecken, ob es in diesem Tintenklecks so etwas wie eine klar erkennbare Linie gab. Doch leider war beim besten Willen keine Linie zu entdecken, die die Grenze bezeichnet hätte. Als die beiden Bürger-meister erkennen mussten, dass ihnen die Karte nicht weiterhalf, fiel ihnen nichts mehr ein, was ihren Streit hätte beheben können, daher begannen sie sich zu be-schimpfen. Sie wurden so laut, dass sie der Archivar aus dem Saal warf, und als sie auf der Straße standen, drehte sich jeder in eine andere Richtung, und sie gingen grußlos auseinander.

Seither galten die Talheimer in Hügelhausen als gewissenlose Diebe und die Hügelhausener in Talheim als kaltherzige Geizkragen, und statt dass diese Feindschaft irgendwann abgenommen hätte, wurde sie über die Jahre immer noch tiefer. Viele der heutigen Bewohner von Hügelhausen und Talheim wussten gar nichts mehr von dem damaligen Streit, doch seit sie kleine Kinder waren, wurde ihnen eingebläut, dass man sich mit den Leuten vom Nachbardorf nicht einlassen dürfe.

Deshalb trafen sich Hügelhausener und Talheimer nie, sie feierten nicht zusammen, und sie standen einander in schweren Zeiten nicht bei. Ja, fast schien es, als sei man nur dann ein vollwertiges Mitglied des einen Dorfes, wenn man die Leute aus dem anderen Dorf hasste und ihnen aus dem Weg ging.

Und dann wurde eines Tages alles noch komplizierter, als Meister Ignaz die Treppe hinunterfiel und sich das Bein brach.

Meister Ignaz war stolzer Inhaber der Bäckerei von Hügelhausen. Er war nicht nur stolz, weil schon sein Urgroßvater, sein Großvater und sein Vater die Bäcker von Hügelhausen gewesen waren, sondern auch weil er, genau wie sie alle, die unvergleichlichen Hügelhauser Krapfen backen konnte. Diese Krapfen gab es immer zwischen November und Februar, und niemand auf der ganzen Welt außer Ignaz konnte sie backen, weil nur er das Rezept kannte. Es war nur ein einziges Mal von jemandem aufgeschrieben worden, nämlich von Meister Ignaz' Urgroßvater, und seither lag der Zettel im Hinterzimmer der Bäckerei in einem uralten Kassenschrank eingeschlossen, zu dem nur er einen Schlüssel besaß.

Als Meister Ignaz eines Sommermorgens, wie jeden Tag, um vier Uhr aus der Wohnung in seine Backstube hinuntersteigen wollte, verfehlte er eine Stufe und fiel die Treppe hinunter. Das war einigermaßen erstaunlich, denn er ging diese Treppe schon seit er laufen konnte mehrmals täglich auf und ab, und das waren nun schon an die sechzig Jahre. Aber so war es nun einmal,

und es war noch ein Glück, dass der Lärm Ignaz' Frau Ida weckte, die gleich den Arzt anrufen konnte. Am Ende mussten sie Meister Ignaz mit einer Ambulanz ins Krankenhaus in der Stadt bringen.

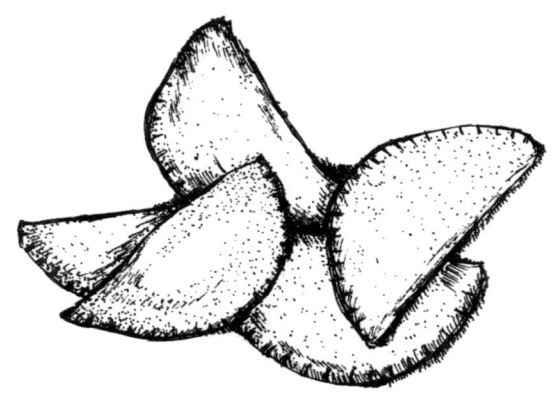

Mehrere Wochen hindurch musste Meister Ignaz' Geselle Rio nun das Brot ganz alleine backen, und weil Ida bei Ignaz in der Stadt blieb, konnte sie auch nicht wie sonst immer im Laden stehen. Das übernahm nun Rios Schwester. Die beiden schlugen sich wacker, aber nach einiger Zeit war insbesondere Rio von der alleinigen Arbeit in der Backstube so erschöpft, dass die beiden Geschwister Meister Ignaz und Ida baten, so rasch als möglich zurückzukommen.

Meister Ignaz und Ida träumten von nichts anderem, als endlich wieder in ihrer Bäckerei zu stehen, doch als der Arzt, der Ignaz' Bein operiert hatte, ihn vor seinem Abschied im Krankenhaus nochmals besuchte, sagte er ihm: »Meister Ignaz, etwas müssen Sie wissen: Ihr Bein wird heilen, aber Sie werden noch länger an Krücken gehen müssen und dürfen auch in Zukunft nie zu lange am Stück stehen. In der Backstube arbeiten, das geht leider nicht mehr. Alles Gute.«

Der Arzt verabschiedete sich mit einem kräftigen Händedruck von den beiden und verließ mit federndem Schritt das Zimmer.

Ignaz und Ida aber schauten sich entgeistert an. Die Bäckerei war ihr Leben. Und wenn Ignaz jetzt nicht mehr backen konnte, wer sollte sie denn übernehmen?

Ignaz und Ida hatten eine Tochter, die hieß Alina. Sie hatte sich nie besonders für die Bäckerei interessiert, ihre Leidenschaft war das Schwimmen. Als Mädchen hatte sie alle Schwimmwettbewerbe in der Gegend gewonnen, und eines Tages standen ein paar Leute in Ignaz' und Idas Wohnzimmer und schlugen ihnen vor, dass Alina in der Stadt ein Internat für besonders begabte junger Sportlerinnen und Sportler besuchen könnte. Die Eltern wollten das zunächst nicht, aber Alina drängte und bettelte sie an, in dieses Internat gehen zu dürfen, sodass sie schließlich nachgaben.

Ignaz und Ida hofften immer noch auf ein Wunder und träumten davon, dass Alina irgendwo einen Mann kennenlernen und sich in ihn verlieben würde, und dass dieser Mann ganz zufällig ein Bäcker wäre, der zum Nachfolger von Meister Ignaz werden würde, während dann Alina statt ihrer Mutter das Brot und die Krapfen verkaufen könnte.

Doch Alina hatte ganz andere Pläne, als einen Bäcker zu heiraten und in Hügelhausen Brot zu verkaufen. Sie wurde eine immer bessere Schwimmerin, gewann die Landesmeisterschaften und schwamm nun auch für die Nationalmannschaft. Alina hatte Ignaz einige Male besucht, als er im Krankenhaus lag, aber sie musste immer gleich wieder zurück in die Hauptstadt, wo sie jetzt lebte und trainierte.

Natürlich waren Ida und Ignaz ganz schön stolz auf Alina, aber nun, da der Arzt Ignaz verboten hatte, weiter als Bäcker zu arbeiten, waren sie auch ziemlich ratlos, wie es mit ihrer Bäckerei weitergehen sollte. Sie riefen Alina an und erzählten es ihr.

»Nehmt es nicht zu schwer«, sagte Alina tröstend. »Verkauft die Bäckerei und nehmt euch eine bequeme Wohnung. Genießt das Leben ein bisschen. Irgendwann wäre doch diese Arbeit sowieso zu viel geworden.«

Ignaz und Ida dachten über das nach, was Alina ihnen gesagt hatte. Wahrscheinlich war das die einzige Lösung. Noch am selben Abend schrieben sie eine Anzeige: *Bäckerei zu verkaufen.*

Tatsächlich meldeten sich einige Interessenten für die Bäckerei, und Ignaz und Ida luden sie nach Hügelhausen ein. Doch leider zeigte sich, dass keiner der Interessenten infrage kam. Der Erste, der nach Hügelhausen kam, rümpfte schon die Nase, als er im Dorf ankam. »In so einem kleinen Kaff kann doch keine Bäckerei überleben«, schimpfte er. Ignaz erwiderte, dass er sehr gut hier hatte überleben können, und nicht nur er, auch sein Vater, Großvater und Urgroßvater mit ihren Familien. Der Zweite war ein Großbäcker aus der Stadt. »Das ist perfekt«, sagte er, »ich lasse dann jeden Tag die Teiglinge liefern, die backen wir hier auf, keine große Sache«, erklärte er. »Da brauchen wir dann gar keine Backstube mehr.« Aber die Vorstellung, dass es gar kein Brot mehr geben sollte, dessen Teig in seiner Bäckerei zubereitet wurde, aufging, geknetet und gebacken wurde, konnte Ignaz nicht ertragen. Der Dritte tat sehr freundlich und begeistert, aber am Ende bot er kaum die Hälfte des von Ignaz und Ida genannten Kaufpreises. Schließlich blieb nur noch eine Bewerbung übrig, eine Bäckerin von einem weit entfernten Ort, die einen sehr freundlichen Brief geschrieben hatte. Meister Ignaz zögerte. Seit vier Generationen wurde hier von Männern gebacken, und dass nun plötzlich eine Frau die Backstube übernehmen sollte, widerstrebte ihm zutiefst. Seiner Vorstellung nach sollte es immer so weitergehen wie bisher: Ein Mann war der Bäcker, und seine Frau leitete den Laden. Aber Ida sagte ihm, sie selbst wäre eigentlich auch gerne Bäckerin geworden und hätte das viel schöner gefunden, als immer nur die Backwaren zu verkaufen, die ihr Mann zubereitete, und er solle diese Bewerberin jetzt einladen, wenn er nicht wolle, dass hier in Zukunft nur noch Fertigbrot aus der Stadt verkauft würde oder sie ganz schließen müssten.

Also blieb Ignaz nichts anderes übrig, als die junge Frau, die Sunny hieß, einzuladen. So kam Sunny eines Tages mit der Bahn heraufgefahren. Ignaz, der immer noch an Krücken ging, war etwas bärbeißig, aber Ida schloss Sunny gleich ins Herz. Sunny hatte das Haus ihrer Großmutter geerbt, und von dem Geld, das ihr der Verkauf eingebracht hatte, wollte sie nun eine eigene Bäckerei eröffnen. Außerdem wollte sie nicht mehr in einer großen Stadt wohnen wie bisher und in einer riesigen Bäckerei einer Supermarktkette arbeiten, wo sie nie selber entscheiden konnte, was sie tun wollte.

Ignaz zweifelte weiterhin daran, dass Sunny diese Bäckerei alleine würde übernehmen können, und sie fragte ihn, ob er denn neben Ida keine Hilfe gehabt habe, insbesondere in der Zeit, als er im Krankenhaus gewesen sei. Als Ignaz von seinem Gehilfen Rio und dessen Schwester Mareike sprach, sagte Sunny sofort, dass sie die beiden auch sehr gerne einstellen wolle. Ein paar Stunden später nahm sie die letzte Bahn hinunter in die Stadt, da hatten sie und die Bäckersleute bereits den Vertrag unterschrieben, und einige Wochen später trafen ein Umzugswagen mit Sunnys Sachen und Sunny selbst in Hügelhausen ein.

In den kommenden Tagen war Sunny sehr damit beschäftigt, den Laden ein bisschen mehr nach ihrem Geschmack einzurichten, alles ging sehr gut voran. Am Tag vor der großen Eröffnung besuchte sie Ignaz. Er sah sich alles an und schien sehr zufrieden. Dann zog er einen Schlüssel aus der Tasche.

»Das ist der Schlüssel zum Kassenschrank, der da hinten steht«, sagte er zu Sunny.

Sunny lachte. »Ach, das ist nett. Ich habe mich schon gefragt, wo der Schlüssel ist. Obwohl ich nicht glaube, dass ich das alte Möbel noch gebrauchen kann.«

»In dem Schrank liegt aber ein großes Geheimnis«, sagte Ignaz. »Wenn Sie mich ihn öffnen lassen, zeige ich es Ihnen.«

Und dann gab er Sunny das Rezept für die Hügelhauser Krapfen, das sein Urgroßvater aufgeschrieben hatte. Es war inzwischen bereits Frühherbst, in wenigen Wochen begann der November und damit die Zeit der Krapfen. Ignaz erklärte Sunny, es sei wichtig, diese Krapfen zu backen, die gebe es auf der ganzen Welt nur einmal. Sunny war sehr beeindruckt und versprach es ihm.

Die Hügelhausener waren froh, dass es mit der Bäckerei in ihrem Dorf weiterging. Manche hatten bereits befürchtet, sie müssten künftig ihr Brot von weit her kommen lassen. Denn es in der Bäckerei von Talheim zu kaufen, kam für sie nicht infrage. Die Leute mochten Sunnys Brote und Kuchen, und besonders mochten sie, dass sie eine Ecke der Bäckerei zu einem kleinen Café gestaltet hatte, wo man an hübschen Tischchen einen Kaffee oder eine heiße Schokolade trinken und dazu ein feines Stück Kuchen essen konnte. Als dann der November kam und Sunny auch noch ausgezeichnete Hügelhauser Krapfen backte, da wussten nicht nur Ignaz und Ida, dass Sunny die beste Wahl für die Weiterführung der Bäckerei gewesen war.

Sunny war ebenfalls zufrieden in Hügelhausen, sie liebte die Gegend und war froh,

statt in der großen Stadt auf dem Dorf zu wohnen. Um die Umgebung besser kennenzulernen, beschloss sie, auch die umliegenden Dörfer zu besuchen. So fuhr sie eines Nachmittags mit der Bahn hinunter nach Talheim. Sunny wusste nichts vom alten Streit zwischen Hügelhausen und Talheim, und sie bemerkte nicht, welche erstaunten und missmutigen Blicke ihr folgten, als sie, vom Hügel her kommend, in Talheim ausstieg. Vergnügt ging sie an diesem Herbstnachmittag durch Talheim, das ihr fast so gut gefiel wie Hügelhausen. Als sie die dortige Bäckerei sah, blieb sie neugierig stehen und blickte ins Schaufenster. Dort sah sie neben den üblichen Broten und Törtchen auch eine große Platte mit einem Gebäck, das sie nicht kannte. Auf einem kleinen Kartonschild davor stand: *Original Talheimer Kringel.*

Sunny trat in die Bäckerei ein. Hinter der

Verkaufstheke stand ein Mann in ihrem Alter. Es war Kilian, der Bäcker, der das Geschäft auch erst vor Kurzem von seinen Eltern übernommen hatte. Da er für heute ebenfalls mit der Arbeit fertig war, hatte er seiner Verkäuferin für den Rest des Nachmittags freigegeben und bediente die Kunden nun selbst.

»Diese Kringel«, fragte ihn Sunny, nachdem er sie begrüßt hatte, »gibt es die tatsächlich nur hier in Talheim?«

»Ja«, sagte Kilian freundlich. »Willst du einen probieren?« Und schon holte er mit einer Brotzange einen Kringel hinter der Theke hervor und streckte ihn ihr entgegen. Der Kringel schmeckte ausgezeichnet, und während sie ihn aß und Kilian sie erwartungsvoll anschaute, hatte Sunny eine Idee. Sie erzählte Kilian, dass sie die neue Bäckerin von Hügelhausen sei und dort die Hügelhauser Krapfen backe. »Es wäre doch schön, wenn ich neben Hügelhauser Krapfen auch noch Talheimer Kringel verkaufen könnte.«

Kilian legte die Stirn in Falten. Er hatte schon davon gehört, dass die Bäckerei in Hügelhausen nun einer Frau gehörte, die von einer weit entfernten Gegend kam. Sunny war ihm gleich sympathisch, und eigentlich klang ihre Idee nicht schlecht. Als Talheimer fragte er sich aber, ob es eine gute Idee war, seine Kringel in Hügelhausen anzubieten.

Sunny war, je länger sie sprach, so begeistert von ihrer Idee, dass sie Kilians zweifelnden Blick nicht bemerkte. Sie schlug ihm vor, ihr gleich zwei Kilo Kringel einzupacken, zu einem etwas ermäßigten Preis, und sie würde sie dann in Hügelhausen anbieten. Zugleich dachte sie, dass vielleicht Kilian eines Tages auch ihre Krapfen zusammen mit seinen Kringeln in Talheim anbieten könnte, aber davon sagte sie nichts.

Kilian lächelte unsicher und packte ihr zwei Kilotüten Kringel ab, die er ihr mit einem großzügigen Mengenrabatt verkaufte. Sunny, die auf ihren kleinen Ausflügen immer ihren Rucksack dabeihatte, legte die zwei Tüten sorgfältig hinein, zahlte und verließ glücklich Kilians Bäckerei. Neue Geschäftsideen waren wichtig, und was lag näher, als das eigene Angebot um feine Spezialitäten aus der Nachbarschaft zu erweitern? Sie strahlte immer noch, als sie etwas später am Talheimer Bahnhof die Bahn nach Hügelhausen bestieg. Die misstrauischen Blicke der Hügelhausener, die nicht verstanden, was ihre neue Bäckerin in Talheim zu suchen gehabt hatte, bemerkte sie nicht.

Die Hügelhausener hatten aber keine Zeit, sich allzu viele Gedanken über solche Fragen zu machen. Denn der folgende Tag war ein großer Tag für das Dorf, der größte seit Langem. Kürzlich hatte Alina, die Tochter von Ignaz und Ida, an den Schwimmweltmeisterschaften eine Goldmedaille gewonnen.

Noch nie hatte jemand aus Hügelhausen eine so großartige Leistung geschafft. Der Bürgermeister hatte gleich beschlossen, Alina in ihr Heimatdorf einzuladen und ihr einen festlichen Empfang zu bereiten. Tatsächlich hatte Alina zugesagt, an ihrem ersten freien Tag nach Hügelhausen zu kommen, und nun waren die Dorfbewohner damit beschäftigt, nicht nur die Turnhalle vorzubereiten, in der Alina ein Ehrendiplom als »Hügelhausenerin des Jahrhunderts« übergeben werden sollte, sondern auch die Straßen festlich zu dekorieren. Nachdem sie tagelang geschuftet hatten, schauten sich die Hügelhausener am Morgen des großen Tages stolz ihr Dorf mit den vielen bunten Fahnen und Plakaten an. Sie hatten auch Glück, denn es war ein strahlender Herbsttag, alles leuchtete in den schönsten Farben. Doch noch während manche durch die geschmückte

Hauptstraße flanierten und andere in der Turnhalle die Mikrophone und Lautsprecher für die Feier am Nachmittag testeten, verbreitete sich in Hügelhausen eine Nachricht in Windeseile: In der Bäckerei von Hügelhausen wurden nun neben den Hügelhauser Krapfen »Original Talheimer Kringel« angeboten – und dies ausgerechnet am Ehrentag der Tochter des früheren Bäckers Ignaz!

Immer mehr Hügelhausener versammelten sich vor dem Schaufenster der Bäckerei und schauten hinein. Tatsächlich, da standen abgepackte Pakete hinter einem Kartonschild, auf das Sunny mit leuchtendroter Tinte geschrieben hatte: *Neu im Angebot: Hügelhauser Krapfen und Original Talheimer Kringel in einer Packung. Jetzt zugreifen!*

Sunny hatte Rio und Mareike für den großen Tag freigegeben. Sie stand im Laden und schaute hinaus. Zuerst war sie begeistert, als sie sah, wie viele Leute ihr Schaufenster anzog, und sie war sich sicher, dass ihre Idee mit den Talheimer Kringeln genau das Richtige gewesen war. Doch bald stellte sie fest, dass zwar so viele Leute wie nie zuvor vor ihrem Laden standen, aber niemand hereinkam, um etwas zu kaufen, und dass die Leute auf der Straße aufgeregt diskutierten und gestikulierten.

Sie überlegte sich, ob sie hinausgehen sollte, um die Leute zu fragen, warum sie sich so ärgerten. Doch da trat auch schon ein älterer Herr ein, der schon manchmal bei ihr eingekauft hatte.

»Hören Sie«, sagte der Herr, »Sie sollten dringend die Auslage in Ihrem Schaufenster auswechseln.«

»Aber warum denn?«, fragte ihn Sunny ungläubig.

»Die Leute mögen hier keine Talheimer Kringel«, sagte der Herr.

»Das kann ich nicht verstehen«, meinte Sunny. »Die sind doch sehr lecker! Und es ist ja auch niemand gezwungen, die Kringel zu kaufen, ich verkaufe meine Krapfen natürlich weiterhin auch separat.«

»Ich habe Sie gewarnt«, sagte der Herr und verließ, ohne irgendetwas zu kaufen, das Geschäft.

Sunny blieb ratlos zurück. Nach und nach entfernten sich die Menschen vom Schaufenster. Stattdessen versammelten sich auf dem Platz vor dem Geschäft junge Leute und begannen irgendwelche Parolen zu rufen. Jemand hatte eilends ein Transparent gemalt, das nun an zwei Stangen aufgespannt und in die Höhe gehalten wurde. Darauf stand: *Sofort weg mit den Talheimer Diebes-Kringeln*. Die Leute auf dem Marktplatz schrien immer lauter, und plötzlich warf jemand einen Pflasterstein gegen die Bäckerei. Als das Schaufenster klirrend zerbarst, ging die Gruppe johlend auseinander. Es wurde nun auch Zeit, sich einen Platz für den Festakt in der Turnhalle zu sichern.

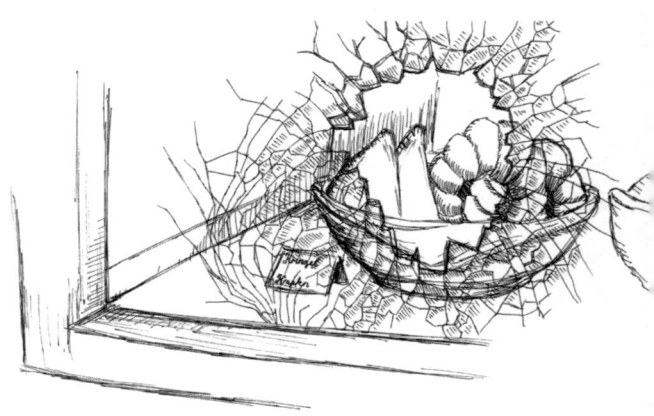

Kurz darauf war der Platz wie leer gefegt. Nur hinter dem Schaufenster der Bäckerei stand Sunny, sie starrte auf ihren Laden, wo alles in einem wilden Durcheinander auf dem Boden lag: Scherben, Hügelhauser Krapfen, Talheimer Kringel und mittendrin der große Pflasterstein. Für kurze Zeit konnte sie sich vor lauter Schreck gar nicht bewegen, doch als dieser erste Schreck verflogen war, begann sie zu weinen. Sunny hatte schon lange nicht mehr geweint, sie war eine fröhliche junge Frau, die das Leben liebte und fast allem etwas Gutes abgewinnen konnte. Doch als ihr klar wurde, was man ihr angetan hatte, nur weil sie den Leuten in Hügelhausen eine

Freude machen und ein neues Gebäck hatte einführen wollen, konnte sie nicht mehr an sich halten. Es schüttelte sie regelrecht, sie verbarg ihr Gesicht in den Händen und schluchzte laut, zwischen ihren Fingern sickerten Tränen durch. Es dauerte eine ganze Weile, bis sie sich wieder einigermaßen beruhigt hatte. Mit einem Taschentuch wischte sie sich über die Augen und schnäuzte sich lautstark, dann ging sie in die Backstube, wusch sich dort am Waschbecken das verheulte Gesicht und packte Schaufel und Besen.

Während sie den Laden aufräumte und fegte und dann die Auslage hinter dem zersplitterten Schaufenster zu säubern begann, bemerkte sie, dass sie beobachtet wurde. Auf dem Dorfplatz, halb versteckt hinter einer Hausmauer, standen drei Kinder und schauten ernst und zugleich neugierig zu ihr herüber. Sie erkannte die drei. Es waren Solveig, Mara und Maras Bruder Ben. Obwohl Sunny erst einige Wochen im Dorf lebte, wusste sie bereits, dass die drei fast immer zusammensteckten, sie waren auch schon mehrmals gemeinsam bei ihr Kekse oder kleine Leckereien einkaufen gekommen, manchmal auch hatten ihre Eltern sie geschickt, um Brötchen zu holen. Die Kinder hatten ihr wohl schon eine ganze Weile zugesehen. Einerseits war ihr das etwas peinlich, weil sie sie vielleicht weinen gesehen hatten. Andererseits munterte es sie auch auf, dass da jemand war, mit dem sie sprechen konnte.

»Na, ihr drei«, rief Sunny freundlich durch das kaputte Schaufenster. »Kommt doch mal her.«

Die Kinder tuschelten miteinander und schienen zu zögern, doch dann kamen sie langsam über den Platz auf die Bäckerei zu.

Denn sie mochten Sunny gut leiden. Kaum je verließen sie ihren Laden, ohne noch einen Schokoladenriegel oder ein Plätzchen geschenkt zu bekommen, ob nun Sunny selbst im Laden stand oder ob es Mareike war, die sie angewiesen hatte, den Kindern immer noch etwas Kleines mitzugeben.

»Warum seid ihr denn nicht mit allen anderen in die Turnhalle gegangen?«, fragte Sunny die Kinder, als sie sich genähert hatten.

»Wir wollten nicht«, sagte Mara. »Wir sind gerade gekommen, als jemand deine Scheibe eingeschmissen hatte, und dann sahen wir, wie du ganz allein im Laden gestanden hast und begonnen hast zu weinen. Da hatten wir keine Lust mehr auf das Fest.«

»Habt ihr denn gesehen, wer es war? Wer den Stein geworfen hat?«

Die Kinder schüttelten den Kopf.

»Naja, auch egal«, sagte Sunny und kratzte sich am Kopf. »Kommt doch rein, ich habe alles aufgeräumt. Es ist zwar ziemlich kalt ohne Fensterscheibe, aber eine heiße Schokolade kann ich euch doch anbieten.«

Das ließen sich die drei nicht zweimal sagen, und gleich darauf saßen sie gemeinsam mit Sunny eng gedrängt an einem der beiden kleinen Tischchen, jedes mit einer dampfenden, wunderbar duftenden Tasse Schokolade vor sich.

»Wartet mal, ich hab da noch was für euch«, sagte Sunny da, und zum ersten Mal, seit ihre Scheibe zertrümmert worden war, huschte wieder ein Lächeln über ihr Gesicht. Sie ging nach hinten in die Backstube und kam kurz darauf mit einer kleinen Papiertüte zurück. Sie zog einen

Kringel nach dem anderen aus der Tüte und gab jedem Kind eines in die Hand. Die Kinder bedankten sich artig, schauten sie aber fragend an.

»Kennt ihr das nicht? Das sind Talheimer Kringel. Die letzten, die ich noch habe. Alle anderen musste ich mit den Scherben wegwerfen.«

»Talheimer Kringel?«, fragte Solveig unsicher. »Ich meine, kommen die wirklich aus Talheim?«

»Ja, klar«, sagte Sunny und verschränkte die Arme. »Die habe ich gestern dort beim Bäcker Kilian gekauft. Der macht die selber. Wie ich meine Krapfen.«

Die Kinder sahen einander verlegen an. Keines nahm einen Bissen.

»Na«, meinte Sunny, »wollt ihr nicht wenigstens mal versuchen, wenn ihr das schon nicht kennt. Ich meine, Talheim ist ja unser Nachbardorf.«

»Die Talheimer sind Diebe«, rutschte es Ben heraus.

»Warum sagt ihr das? Haben sie euch etwas gestohlen?«

»So weit lassen wir es gar nicht erst kommen«, sagte Mara.

»Das verstehe ich jetzt nicht«, erklärte Sunny.

»Wenn du die Talheimer an deine Sachen

lässt, dann sind die weg. Das weiß jeder«, sagte Mara.

»Und deshalb halten sich hier in Hügelhausen alle so weit wie möglich fern von allem, was aus Talheim kommt«, fuhr Solveig fort.

»Das weiß hier doch jeder«, wiederholte Ben die Worte seiner älteren Schwester.

Sunny schüttelte ungläubig den Kopf. »Also ich habe das nicht gewusst. Und gestern, als ich in Talheim war, hat mir niemand etwas gestohlen. Der Kilian war sogar besonders nett und hat mir die Kringel billiger verkauft.«

»Die tun nur so«, sagte Ben.

Sunny kratzte sich wieder am Kopf und schaute die Kinder an. Erst jetzt verstand sie wirklich, was ihr heute geschehen war. Warum der ältere Herr sie vor dem Verkauf der Kringel gewarnt hatte, warum die Leute sich wütend auf dem Marktplatz versammelt hatten und jemand sogar ihre Scheibe eingeschmissen hatte. Alles wegen diesem furchtbaren Hass gegen die Talheimer.

»Wisst ihr was?«, sagte sie den Kindern schliesslich. »Ich verstehe zwar nicht genau, was ihr gegen die Talheimer habt und was sie euch getan haben sollen, aber die Kringel können jedenfalls nichts dafür. Das sind einfach Kringel. Und ich sage euch, die sind ziemlich lecker. Ihr verpasst etwas, wenn ihr die nicht esst.«

Wieder schauten die drei Kinder einander an. Dazwischen schaute wieder jedes auf seinen Kringel, dann wieder auf die anderen beiden. Schließlich war es Mara, die ihren Kringel zum Mund führte und ein kleines Stück davon abbiss. Als sie ein sehr zufriedenes Gesicht machte und gleich noch einen größeren Bissen nahm, taten es ihr die beiden anderen nach.

Und schon saßen sie alle drei genüss-
lich ihre Kringel kauend und dazwischen
heiße Schokolade schlürfend in der kalten
Bäckerei, und Sunny stand lächelnd da-
neben. Dann holte sie ihr Telefon hervor
und fotografierte die drei lebhaft essenden,
schwatzenden und lachenden Kinder. Sie
fühlte sich wieder etwas besser.

Als das Fest für die Schwimmweltmeisterin Alina in der Turnhalle geendet hatte
und ihre Eltern heimkamen, waren die
Kinder längst wieder zu Hause. Die Eltern waren noch ganz erfüllt von der fei-
erlichen Stimmung, viele Minuten lang
hatte das ganze Dorf Alina applaudiert,
der Bürgermeister hatte ihr eine Urkunde
übergeben und Alina eine Dankesrede
gehalten, die so schön gewesen war, dass
viele im Saal vor Rührung zu weinen begonnen hatten. Alle waren so aufgewühlt,
dass niemand die Kinder fragte, was sie in

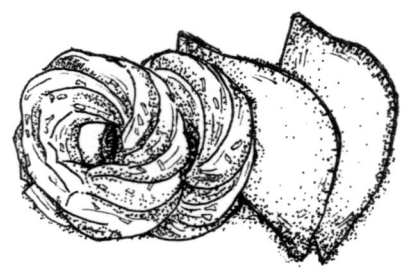

dieser Zeit getan hatten. Die Kinder hätten auch nichts erzählt, zumindest nicht das mit den Talheimer Kringeln. Sie hatten nur die Schachteln mit Hügelhauser Krapfen mit heimgenommen, die ihnen Sunny zum Abschied noch geschenkt hatte. Darüber freuten sich die Eltern der Geschwister Mara und Ben und die von Solveig. Sie fragten nicht weiter nach, wieso Sunny, der man die Scheibe eingeworfen hatte, nun auch noch Krapfen verteilte.

Am selben Abend kam dann noch der Bürgermeister von Hügelhausen zu Sunny nach Hause in die Wohnung über der Bäckerei. Er entschuldigte sich für den furchtbaren Zwischenfall vom Nachmittag. Aber er wolle nicht, dass an einen denkwürdigen Tag wie diesem, wo die »Hügelhausenerin des Jahrhunderts« ernannt worden sei, schlechte Erinnerungen blieben. »Leider wissen wir nicht, wer genau die Spitzbuben waren, die Ihnen die Scheibe eingeworfen haben«, sagte er. »Aber auf jeden Fall wird Ihnen das Dorf Hügelhausen den Schaden ersetzen, sowohl die neue Scheibe als auch das Geld, das Sie verlieren, solange Sie den Laden geschlossen haben müssen.«

Sunny murmelte ein Dankeschön. Sie dachte sich, dass der Bürgermeister und die anderen Dorfbewohner sicher Angst hätten, dass sie Hügelhausen nach diesem

Tag verlassen würde und es dann keine Bäckerei in Hügelhausen mehr gäbe. Aber Sunny hatte gar nicht vorgehabt, Hügelhausen zu verlassen. Sie war nun hier, und die Hügelhausener mussten einfach lernen, dass man keine Schaufenster mit Pflastersteinen bewerfen durfte.

Als sich der Bürgermeister bereits verabschiedet hatte und die Treppe wieder hinabstieg, drehte er sich nochmals um und sagte ihr: »Aber über Ihr Angebot im Schaufenster sollten Sie vielleicht in Zukunft noch mal nachdenken.«

»Sie meinen, keine Talheimer Kringel mehr«, sagte Sunny.

Aber da war der Bürgermeister schon weg.

Am nächsten Tag war das Wetter kalt und unfreundlich. Während am Nachmittag bereits ein Lieferwagen vor Sunnys Bäckerei vorfuhr und zwei Glaser sich daran machten, eine neue Scheibe in das Schaufenster einzusetzen, liefen die beiden Mütter von Mara und Ben und von Solveig aufgeregt durch das Dorf. Ihre Kinder waren nicht von der Schule heimgekommen. Jeden, den sie antrafen, fragten die Mütter, ob sie ihre Kinder gesehen hatten, aber alle schüttelten nur ratlos den Kopf. Auch bei Sunny schauten sie vorbei.

»Nein, gestern waren sie noch bei mir. Aber heute habe ich die drei nicht gesehen«, sagte sie erschrocken.

»Wir haben schon das halbe Dorf durchsucht«, sagte Adele, die Mutter von Mara und Ben, verzweifelt. »Niemand hat sie gesehen. Und sie haben keine Telefone dabei, weil sie die während der Schule immer zu Hause lassen.«

»Sie laufen jeden Tag zusammen heim. So etwas ist noch nie vorgekommen. Was, wenn ihnen etwas zugestoßen ist?«, fügte Solveigs Mutter Liv hinzu.

Sunny beschloss, bei der Suche zu helfen. Für heute blieb ihr Geschäft sowieso geschlossen, und die Glaser versicherten ihr, sie kämen auch alleine zurecht. Die drei teilten sich danach ein, wer wo suchen wollte, und die beiden Mütter tauschten ihre Nummern mit Sunny, damit sie einander gleich unterrichten könnten, wenn sie die Kinder fanden. Dann rannte Sunny los.

Sie wusste aus ihrer eigenen Kindheit noch, dass man eben nicht immer Lust

hatte sofort heimzugehen, wenn die Schule aus war. Sie war manchmal durch die Stadt gestreift, allein oder mit ein paar Freunden, vor allem wenn sie eine schlechte Note bekommen hatte und sich vor den traurigen Blicken ihrer Eltern fürchtete. Doch natürlich hatte das die Sache immer noch verschlimmert, wenn die Eltern stundenlang in Angst verbrachten und kurz davor waren, die Polizei zu rufen, wenn sie mit ihrer schlechten Note heimkam. Damals in der Stadt hatte es immer eine Menge zu sehen gegeben. Aber wo gingen Dorfkinder hin, wenn sie nicht nach Hause gingen? Musste man jeden Heuschober, jede Scheune durchsuchen? Denn dass die drei bei dieser Kälte in den Wald oder aufs freie Feld gegangen waren, hielt sie für unmöglich.

Sunnys Telefon läutete. Es war Liv, Solveigs Mutter. »Gott sei Dank«, dachte sie, »sie haben sie gefunden.«

Doch Liv fragte sie nur mit schriller Stimme, ob sie etwas erfahren habe. »Nein«, sagte Sunny, so ruhig als möglich. Sie spürte, dass Liv nahe daran war, die Fassung zu verlieren.

Schließlich kam sie zum kleinen Bahnhof von Hügelhausen. Früher hätte man sich an den Bahnhofsvorstand wenden können, doch hier in Hügelhausen gab es das nicht mehr, der kleine Bahnhof wurde von irgendwo weit weg über Computer gesteuert. Auf dem Gleis stand ein Zug, er musste vor kurzer Zeit von unten heraufgefahren sein, soweit Sunny sah, waren die Waggons leer.

Schließlich erblickte sie doch jemanden, einen Herrn in einem grauen Mantel mit einem Rollkoffer, der etwas unsicher um sich schaute. Sie wollte ihn rufen, da sah sie, dass der Mann seinerseits ihr winkte. Sie gingen aufeinander zu.

»Vielleich können Sie mir helfen«, rief der Mann schon einige Schritte von ihr entfernt. »Ich bin hier soeben angekommen und suche das einzige Hotel am Ort, den Hügelblick. Hier trifft man ja sonst keine Menschenseele, die man fragen kann.«

Sunny beschrieb ihm den Weg zum Hotel, dann sagte sie: »Vielleicht können Sie mir aber auch helfen.« Sie holte ihr Telefon hervor und zeigte ihm das Foto, das sie gestern von den drei Kindern geschossen hatte. »Haben Sie zufällig diese Kinder gesehen? Sie werden vermisst.«

Der Mann schaute das Foto kurz an, dann nickte er. »Ich glaube, ja. Als ich vorher unten während des Halts in Talheim aus dem Fenster schaute, waren drei Kinder dort auf dem Bahnhofsplatz, zwei Mädchen und ein Junge. Ich bin ziemlich sicher, dass es die drei waren, sie hatten, glaube ich, auch dieselben Jacken an.«

»In Talheim?«, fragte Sunny überrascht. Dann bedankte sie sich bei dem Mann, der sich mit seinem Rollkoffer auf den Weg zum Hotel machte.

Sunny überlegte einen Augenblick. Schon wollte sie Adele und Liv anrufen, da zögerte sie und stellte zuerst eine andere Nummer ein.

»Kilian?«, rief sie aufgeregt, als am anderen Ende abgehoben wurde.

Ja, erklärte Kilian, nachdem Sunny ihm kurz alles erklärt hatte, die Kinder seien bei ihm im Laden gewesen. Gerade vor ein paar Minuten hätten sie eine Tüte Kringel gekauft. »Ich kenne sonst alle Kinder, die zu mir in den Laden kommen, aber diese drei hatte ich noch nie gesehen. Jetzt wird mir alles klar.«

Nun konnte Sunny die beiden Mütter anrufen.

Es dauerte nicht besonders lange, da fuhren Adele, Liv und Sunny gemeinsam in Adeles Minibus hinunter nach Talheim. Die drei Kinder waren schon wieder am Bahnhof, warteten auf den Zug zurück. Sie froren etwas, aber sie sahen auch sehr zufrieden aus.

Bevor die beiden Mütter ihre Kinder noch ausschelten konnten, sagte Sunny: »Ich möchte nur sagen: Es ist meine Schuld. Ich habe die drei auf den Geschmack von Talheimer Kringeln gebracht, und nun haben sie sich beim hiesigen Bäcker Kilian eingedeckt. Bitte schimpfen Sie nicht mit Ihnen, ich glaube, es ist schön, wenn die Leute auch die Talheimer Kringel essen. Und noch schöner wäre es, wenn die Talheimer eines Tages auch meine Krapfen essen würden.

Nun lächelten auch die beiden Mütter. Sie stiegen aus, umarmten ihre Kinder fest und ließen sie in den Minibus steigen.

Und als die Kinder ihnen die Tüte mit den Kringeln hinhielten (es waren nur noch gerade zwei drin), zögerten sie erst, dann bedienten sie sich und machten beim Hineinbeißen dasselbe glückliche Gesicht wie ihre Kinder tags zuvor in Sunnys Bäckerei.

Als die beiden Mütter den anderen Hügelhausenern von dem Abenteuer ihrer Kinder und von den Talheimer Kringeln erzählten, wurden auch diese neugierig, und bald schon hatte Kilian neue Kunden im Laden. Manche Hügelhausener taten erst etwas verstohlen, andere waren unbefangen, als hätten sie nie in ihrem Leben etwas anderes getan als Talheimer Kringel zu kaufen. Und als nun Sunny kurz darauf auch wieder diese Kringel neben ihre Krapfen ins Schaufenster legte, da wäre niemand mehr auf die Idee gekommen, die Scheibe einzuschlagen – die Leute kamen in den Laden und kauften Krapfen und Kringel in einem Paket.

Schließlich beschloss der Bürgermeister von Hügelhausen, seinen Kollegen in Talheim anzurufen – seit sehr langer Zeit hatten Bürgermeister der beiden Dörfer nicht mehr miteinander gesprochen. Die beiden trafen sich, und nach einer langen und ernsten Sitzung beschlossen sie, dass ihre beiden Dörfer wieder miteinander in Frieden leben sollten.

Das war gar nicht so einfach, denn die Talheimer waren nicht weniger stur als die Hügelhausener. Doch als ihnen klar wurde, dass die Hügelhausener es ernst meinten mit einer guten Nachbarschaft, begannen sie auch aufzutauen. Talheimer fuhren nun dauernd nach Hügelhausen und Hügelhausener nach Talheim, man begann beieinander einzukaufen, sich zu besuchen, die Kinder aus manchen Familien in Talheim und Hügelhausen schlossen Freundschaft, und nach einer Weile fragten sich die Bewohner in beiden Dörfern, warum sie nicht schon lange eine viel bessere Beziehung zu den Leuten im Nachbardorf gepflegt hatten.

Eines Tages schließlich gingen die beiden Bürgermeister aufs Bezirksamt und verlangten laut und deutlich, dass dort, wo die alte Karte einen Tintenklecks zeigte, endlich eine klare und vernünftige Grenze

im Wald gezogen werden sollte. Unterein-
ander hatten sie sich bereits geeinigt, wo
diese verlaufen sollte, und so war es dann
nicht mehr besonders schwierig, eine neue,
von nun an gültige Karte zu drucken, die
in beiden Rathäusern aufgehängt wurde.

Und Sunny? Die blieb nun natürlich in
Hügelhausen, und weil sie immer öfter ihren Kollegen Kilian in Talheim besuchte
und er dann auch sie, verliebten sie sich
ineinander, und nach einem Jahr wurde
die erste Hochzeit einer Bewohnerin von
Hügelhausen und eines Bürgers von Talheim seit vielen, vielen Jahren gefeiert. Es
war ein Riesenfest, an dem alle Leute aus
beiden Dörfern zusammen feierten. Und
ganz dicht beim Brautpaar am Ehrentisch
durften Mara, Ben und Solveig sitzen.

Wenige Jahre später konnten sich die
Leute aus beiden Dörfern gar nicht mehr
vorstellen, dass sie je in das Schaufenster

einer Bäckerei geschaut hatten, in dem
nicht Hügelhauser Krapfen und Talheimer
Kringel in derselben Packung einträchtig
nebeneinander lagen.

ATLANTIS VERLAG

Lorenz Langenegger
Julian und Birke

Heute ist Julians Geburtstag. Er hat seine Nachbarin eingeladen, mit ihm und seinem besten Freund Bela in den Zoo zu gehen, denn Frau Materski hat am selben Tag wie Julian Geburtstag. Doch vor einem Monat verwandelte sich die nette alte Dame über Nacht in eine bösartige Hexe. Keinen Schritt macht sie mehr vor die Tür, ihr Garten ist mit einem Zaun versperrt und wird von einem Hund bewacht. Julian versteht die Welt nicht mehr. Als er sich dann auf den Weg zu Bela macht, taucht hinter ihm aus dem Nichts ein Geist auf. Auch das noch! Birke folgt Julian auf Schritt und Tritt. Kein Versuch, den Geist loszuwerden, scheint zu funktionieren. Bis sich herausstellt, dass Birke aus einem bestimmten Grund da ist: Mit seiner Hilfe schaffen es Julian und Bela bis zu Frau Materskis Haus. Dort erwartet sie eine schlimme Überraschung. Sie müssen schnell handeln, um der alten Dame zu helfen.

»Ein Geist wie Birke lockt mich raus in die dunkelste Nacht und dem Geschichtenerzähler Langenegger folge ich gern und mit klopfendem Herzen.«
Finn-Ole Heinrich

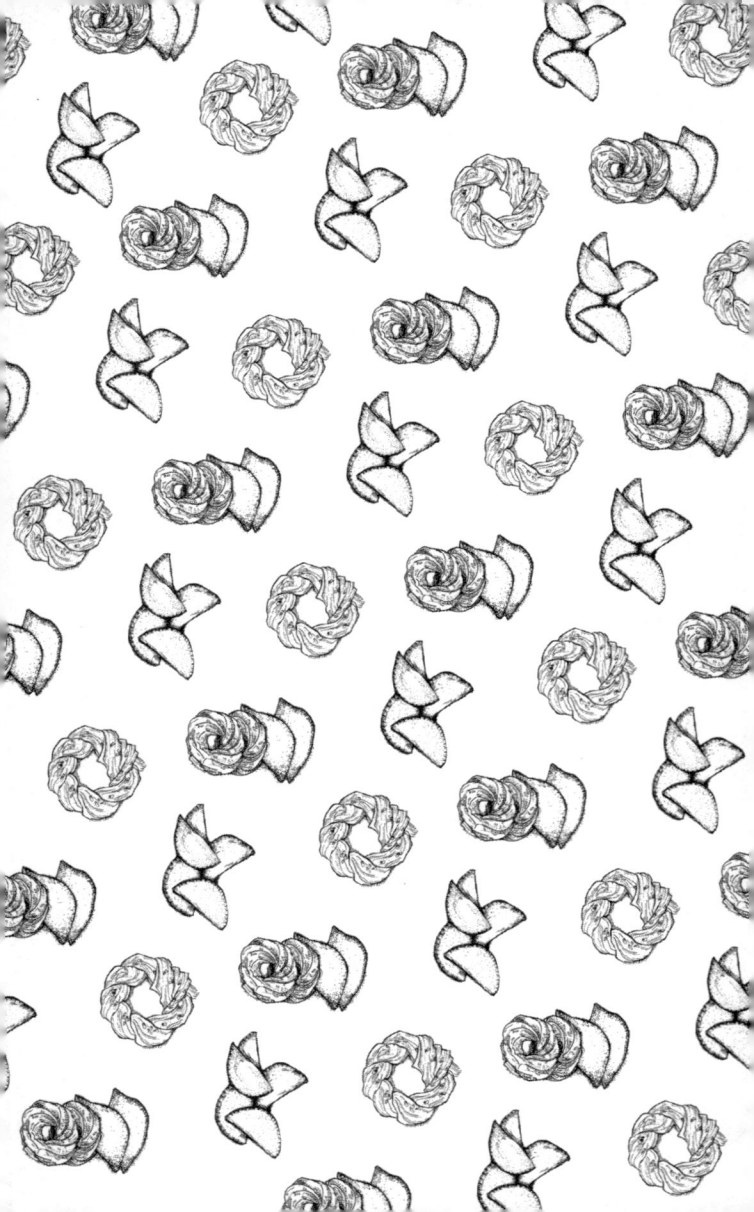